MI VIDA CON

MOCHI

MI VIDA CON
MOCHI

157OFGEMMA
GEMMA GENÉ

LUNWERG
EDITORES

©GEMMA GENÉ, 2018
157OFGEMMA.COM

©EDITORIAL PLANETA, S. A., 2018
LUNWERG ES UN SELLO EDITORIAL DE EDITORIAL PLANETA, S. A.
AVENIDA DIAGONAL, 662-664 - 08034 BARCELONA
CALLE JOSEFA VALCÁRCEL, 42 - 28027 MADRID
LUNWERG@LUNWERG.COM
WWW.LUNWERG.COM
WWW.FACEBOOK.COM/LUNWERG
HTTP.//TWITTER.COM/LUNWERGFOTO

PRIMERA EDICIÓN: MARZO DE 2018
ISBN: 978-84-16890-61-3
DEPÓSITO LEGAL: B-25936-2017
IMPRIME: CAYFOSA

IMPRESO EN ESPAÑA

EL PAPEL UTILIZADO PARA LA IMPRESIÓN DE ESTE LIBRO ES CIEN POR CIEN LIBRE DE CLORO Y ESTÁ CALIFICADO
COMO PAPEL ECOLÓGICO.

A MI BEBÉ Y FIEL AMIGO **MOCHI**, Y A MI MADRINA **MERI**,
QUE SIN HACER CASO DE NADIE TRAJO A MOCHI A MI VIDA
Y LA MEJORÓ PARA SIEMPRE

CAPÍTULOS

INICIO

AMOR

COMIDA

SUEÑO

FAMILIA

PASEOS

DIFICULTADES

LÍMITES

CUANDO MI PERRO TACA MURIÓ DE VIEJITO, MIS PADRES
DECIDIERON QUE NO HABRÍA MÁS PERROS EN CASA.
DURANTE AÑOS Y AÑOS Y AÑOS MI VIDA FUE ASÍ:

¿PUEDO TENER UN PERRO?

¿PUEDO TENER UN PERRO?

NO.

NO.

¿PUEDO TENER UN PERRO?

¿PUEDO TENER UN PERRO, POR FAVOOOR?

NO.

NO.

LLEGÓ EL DÍA EN QUE PELI Y YO NOS FUIMOS A VIVIR
JUNTOS. ¡POR FIN PODRÍAMOS TENER UN PERRO! EL
PROBLEMA ES QUE NOS MUDAMOS A UN PISO DE LOS PADRES
DE PELI, Y ALLÍ HABÍA UNAS NORMAS MUY CLARAS...

¿PODEMOS TENER UN PERRO EN EL PISO?

NO.

LA VIDA CONTINUABA...

GRADUADA
EMANCIPADA
Y A PUNTO DE CASARME

HASTA QUE UN GRAN DÍA...

MI SUPERMADRINA MERI

TENGO UN REGALO DE GRADUACIÓN PARA TI, PERO NO SÉ SI TE VA A GUSTAR, ES MUY ARRIESGADO...

¿AH, SÍ?

MI VIDA ESTABA A PUNTO DE CAMBIAR PARA SIEMPRE.
Y EL DÍA DE MI BODA...

MI PRIMA CANDELA FUE CÓMPLICE.

¡EL REGALO QUE MERI ME TENÍA PREPARADO!

DE TODOS LOS PERROS DEL MUNDO, LOS CARLINOS NEGROS ERAN MI VERDADERA OBSESIÓN.

POR FIN LLEGAMOS

COSAS QUE MOCHI AMA

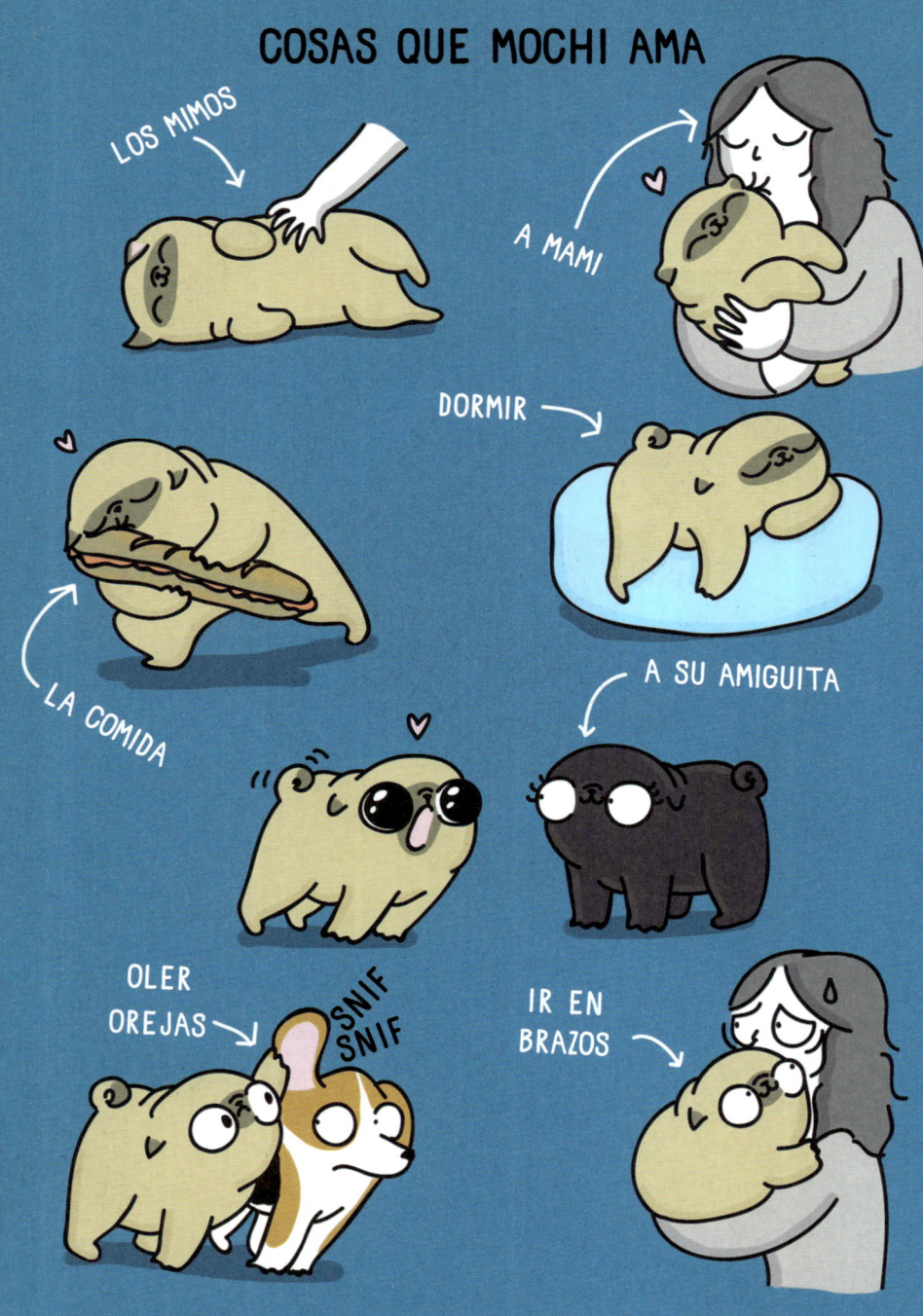

Y COSAS QUE NO TANTO

ESPERA
AQUÍ UN
MOMENTO.

LA COMIDA FAVORITA DE MOCHI

LA COMIDA QUE MÁS DETESTA

MOCHI, ¿QUIERES COMIDA?

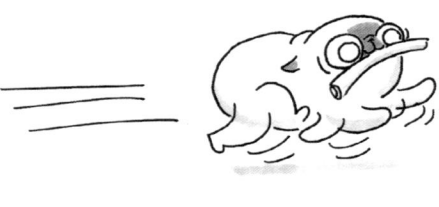

¡¡¡NOOO!!! MAMI, ¡NO TE PUEDES IR!

¿ESTO TE PODRÍA ANIMAR?

AYUDARÍA...

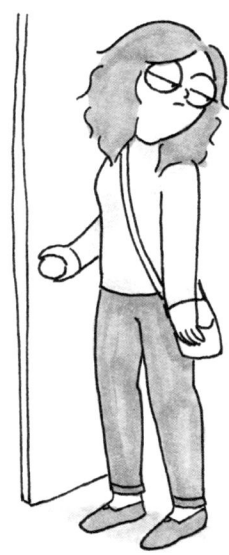

SUEÑO

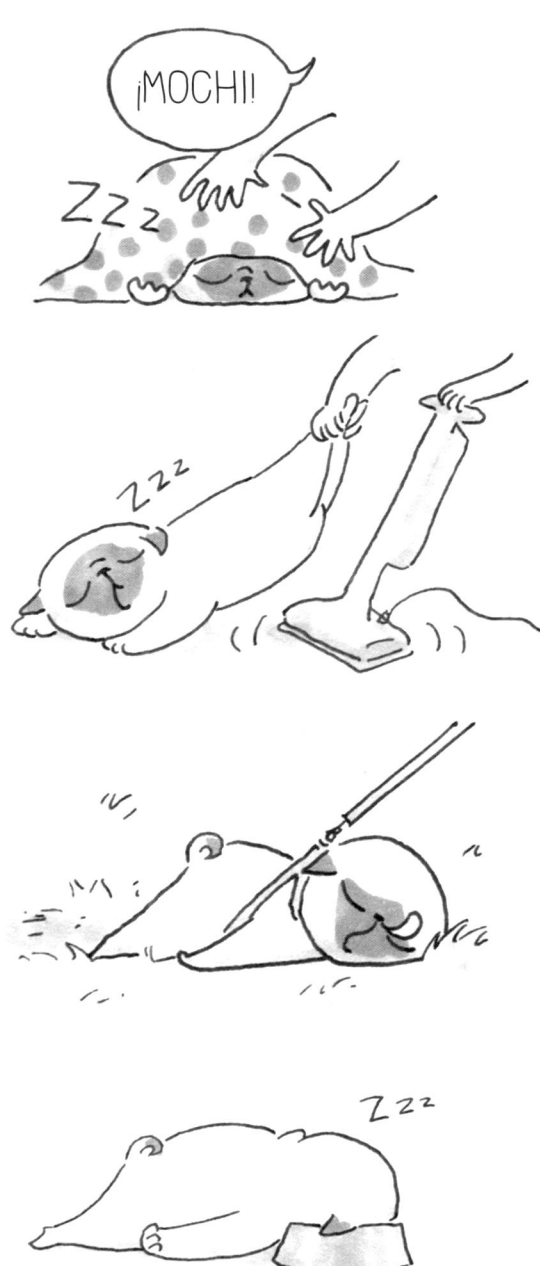

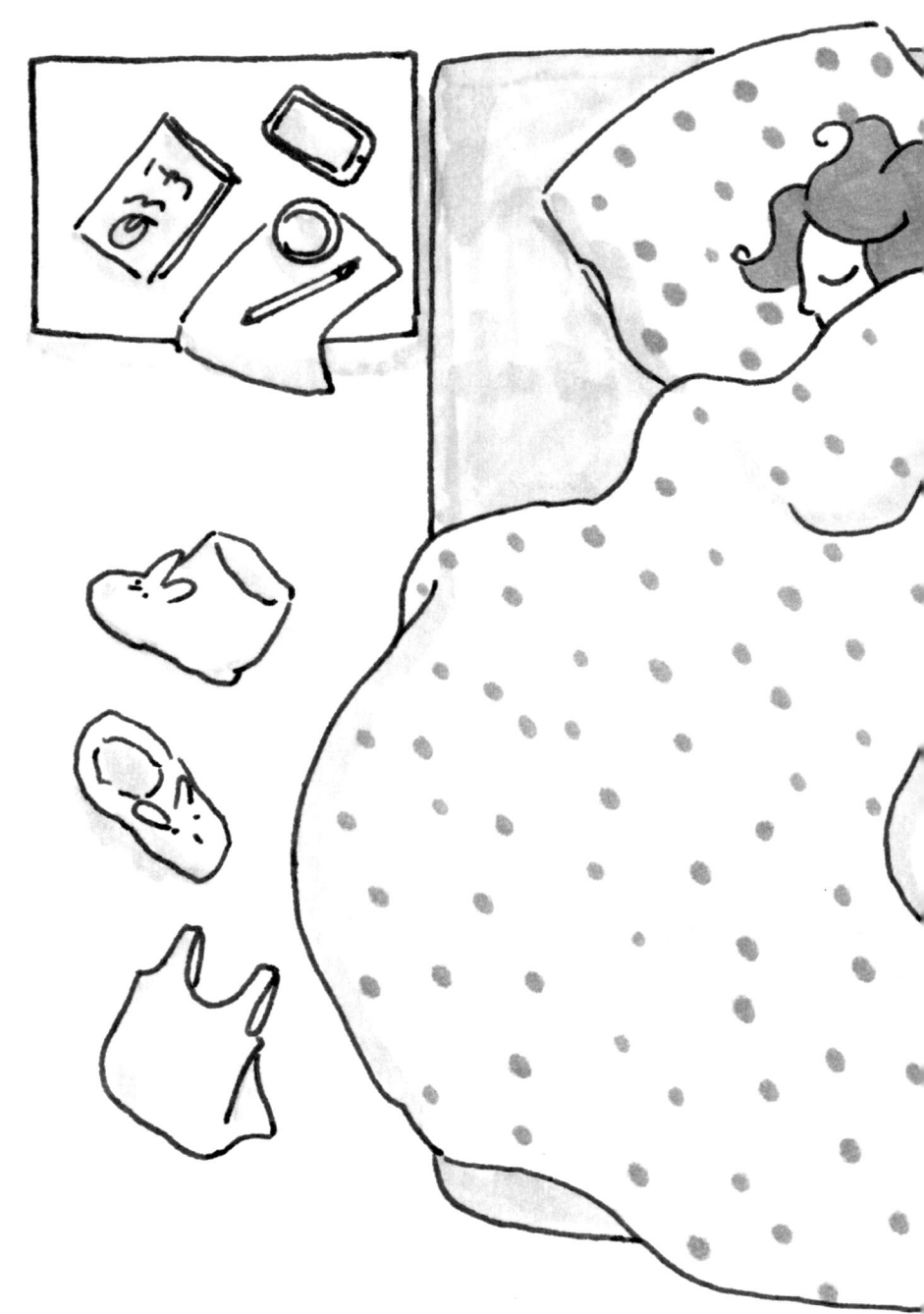

EN CASA DE LOS PADRES DE MAMI

EN CASA DE LOS PADRES DE PAPI

ESTO SERÁ
LO PEOR...

¡GrRrrRrR!
¡GrRr!
¡GrRRr!
¡GrRrrRrR!
¡GrRRRr!

PASANDO UNA NOCHE SOLO EN CASA DE LOS PADRES DE MAMI

PUEDES DORMIR EN LA CAMA DE TU MAMI, Y NOSOTROS ESTAREMOS EN LA HABITACIÓN DE AL LADO.

EN CASA DE TÍA MARTA

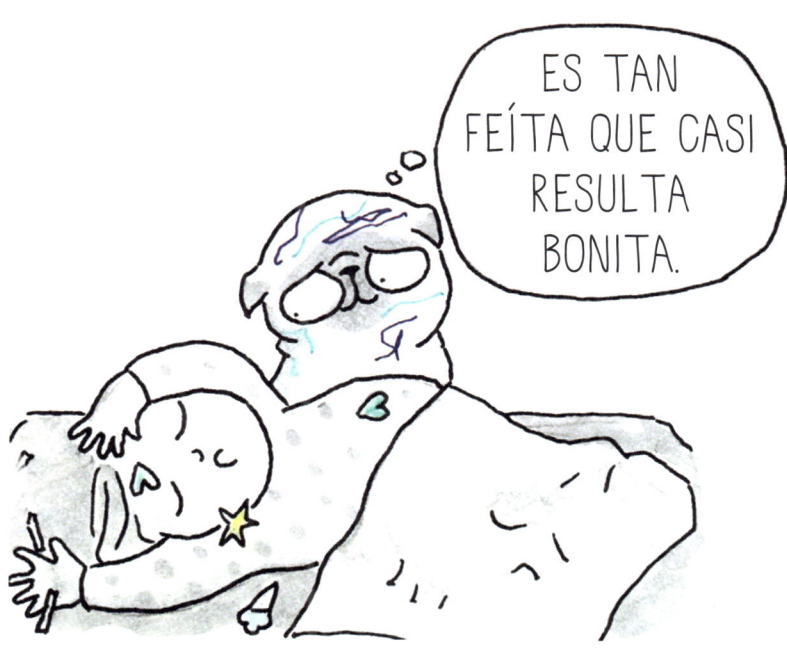

PASEOS

MINIGUÍA DE PASEOS SEGÚN MOCHI

LA LLUVIA ES
LO PEOR

PROBAR COSAS
NUEVAS

IMPORTANTÍSIMO MARCAR
TODO LO MARCABLE

RELACIONARSE
CON OTROS

SIN DUDA, MUCHO MEJOR QUEDARSE
EN CASA...

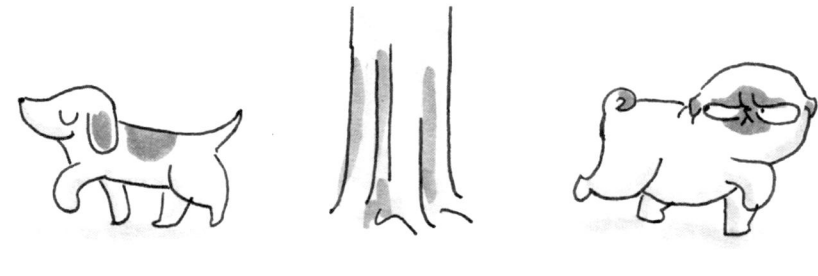

DIFICULTADES

DIFICULTADES EN LA VIDA DE MOCHI

¡¿CÓMO NO ME DICES QUE NOS HEMOS IDO AL SOFÁ?!

ARG, MAMI, AQUÍ HAY UN POTADO...

¿HOLA? ESPERA UN MOMENTO.

MOCHI, ¿POR QUÉ LLORAS?

PORQUE ESTÁS HABLANDO POR TELÉFONO.

LÍMITES

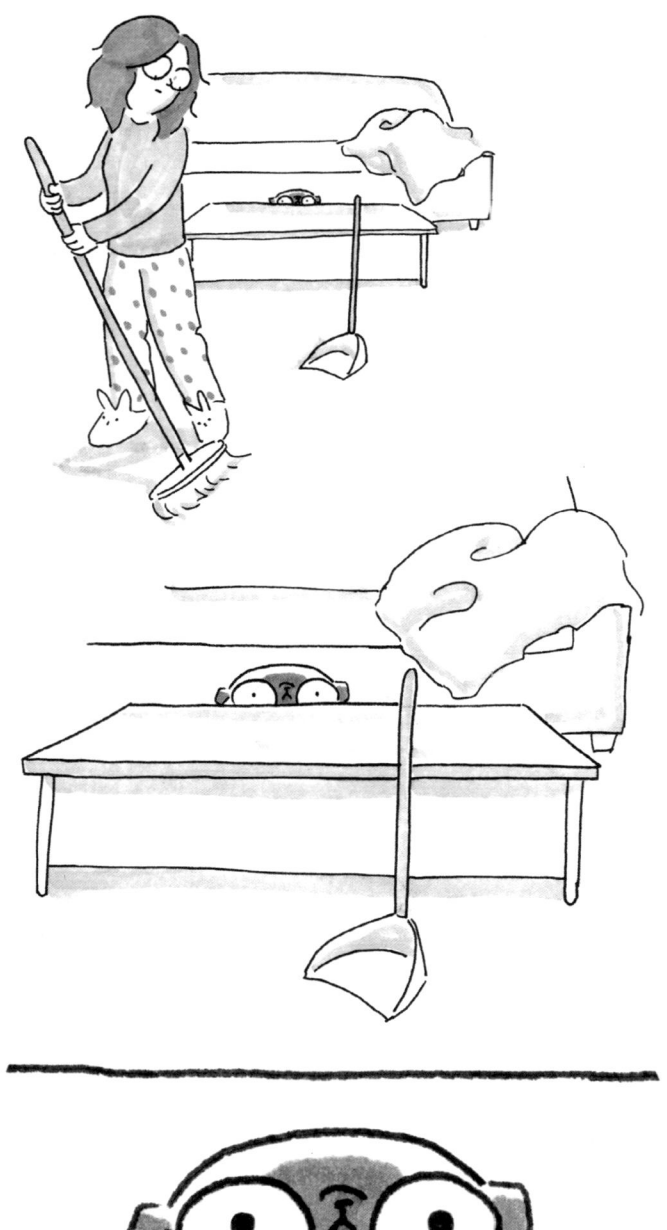

DESCONOCIDO EN UNA FIESTA